바른 글씨체를 잡아 주는

사자성어

따라 쓰기

고영종 글 | 소공 그림

주니어김영사

머리말

**또박또박 쓰면 쓸수록 자신감이 쑥쑥 올라가는
따라 쓰기!**

여러분은 글씨를 잘 쓰나요? 혹시 글씨 이야기만 나오면 얼굴이 빨개지지는 않나요? 여기 승준이라는 친구도 글씨 때문에 힘들어 하고 있어요. 다음 이야기를 읽고 어떻게 승준이를 도와줄지 함께 생각해 보아요.

> 전 씩씩하고 운동도 잘하고 재미있는 이야기도 잘해서 친구들한테 인기가 많았어요. 지금은 아니지만요. 친구들이 저를 좋아하지 않게 된 건 다 글씨 때문이에요. 선생님께 알림장 검사를 받으러 갔는데 글씨가 엉망이라고 예쁘게 다시 써 오라고 그러셨어요. 하지만 아무리 예쁘게 글씨를 쓰려고 해도 계속 삐뚤빼뚤하게만 되는 거예요. 그래서 계속 다시 쓰고 다시 쓰고 하다 보니까 나중에는 팔도 아프고 너무 힘들어서 짜증이 났어요. 그 때 친구들이 제 알림장을 보고 깜짝 놀라면서 지렁이가 기어간다고 놀렸어요. 또 얼굴은 잘 생겼는데 글씨는 엉망이라고 실망했다고 그러고요. 창피하기도 하고 화도 나서 친구들하고 싸웠어요. 그 후로도 글씨 이야기만 나오면 친구들이 절 쳐다보며 비웃는 것 같아요. 그러다 보니 다른 일도 자신감이 안 생기고 늘 머뭇거리게 돼요. 친구들도 이제는 저를 좋아하지 않는 것 같아요……

여러분은 어떻게 하면 글씨를 예쁘게 쓸 수 있는지 알고 있나요? 혹시 여러분도 승준이와 같은 고민을 하고 있지는 않나요?

많은 사람들이 김연아 선수의 스케이트 쇼를 보면서 감탄하고 칭찬하지요. 또 세계적인 수영 대회에서 금메달을 따는 박태환 선수의 모습을 보면서 환호를 지르기도 하고요. 우리가 보는 김연아 선수의 환상적인 스케이트 기술, 박태환 선수의 돌고래 같은 수영 실력 그리고 아이돌 가수들의 춤과 노래는 모두 끊임없는 연습과 노력의 결과랍니다.

글씨도 마찬가지예요. 바르고 예쁜 글씨를 위해서는 많은 연습과 노력이 필요하답니다. 그런데 왜 아직도 글씨를 바르게 써야 하는지 모르겠다고요?

글씨는 그 사람의 얼굴이라고 해요. 글씨를 보면 그 사람의 마음이나 태도까지 알 수 있다는 말이지요. 그래서 우리 조상들은 사람을 볼 때 그 사람의 글씨까지도 매우 중요하게 생각했다고 합니다. 여러분이 글씨가 엉망인 친구보다 바르고 예쁜 글씨를 쓰는 친구에게 좋은 인상을 갖게 되는 것도 바로 그런 이유 때문일 거예요.

한자도 마찬가지예요. 한자를 쓰기 시작할 때 잘 배워 둬야 예쁜 글씨를 평생 간직할 수 있어요. 너무 어렵다고만 생각하지 말고 처음부터 한자의 획순에 따라 정성을 들여 한 자씩 써 보세요. 여러분은 이제 시작 단계이니까 지금부터 열심히 이 책을 따라한다면 금방 사자성어도 익히고 한자도 예쁘게 쓰는 '한자왕'이 되어 있을 거예요.

이 책을 어떻게 공부하면 좋을까요?

이 책은 우리가 일상생활에서 자주 사용하는 사자성어를 한자와 한글로 익히도록 도와주는 책이에요. 사자성어가 뭔지 아나요? 네 개의 한자로 되어 있으면서 교훈이나 유래를 담고 있는 말로 조상들의 생활 속 지혜를 전하는 말이에요.

전체를 4단계로 나누어서 쉬운 한자와 자주 쓰이는 사자성어부터 쓰기 시작해요.

1단계에는 '숫자'와 관련된 사자성어를 모았어요. 숫자를 나타내는 한자를 찾으면서 따라 써 본다면 사자성어 익히기가 더 쉽고 재미있겠지요?

2단계에는 '말'에 관련된 사자성어를 담았어요. 사자성어를 외우면서 말은 늘 신중하게 뱉어야 한다는 사실을 깨닫는 시간이 될 거예요.

3단계에는 여러 가지 상황에서 다양하게 활용할 수 있는 사자성어를 모았어요. 우리에게 친숙하면서도 일상생활에서 자주 사용되는 사자성어이기 때문에 다양한 상황을 머릿속으로 그려 보면서 공부할 수 있어요.

마지막 4단계에는 조상들의 지혜나 우리가 살아가는 데 필요한 교훈이 담긴 사자성어예요. 각 사자성어에 담긴 깊은 뜻을 생각하면서 사자성어를 익히다 보면 여러 권의 책을 읽은 것처럼 좋은 교훈을 많이 얻을 수 있을 거예요.

많은 친구들이 일석이조라는 사자성어를 이미 알고 있을 거예요. '꿩 먹고 알 먹고'라는 속담처럼 한 번에 두 가지 이득을 얻는 경우를 말하지요. 이 책이 바로 일석이조예요. 사자성어도 배우고, 한자도 익히고 동시에 한글, 한자도 예쁘게 쓸 수 있게 되고 또……. 그리고 보니 일석사조네요!

고 영 종

《사자성어 따라 쓰기》는 이런 점이 좋아요!

❶ 사자성어, 한자, 한글을 모두 쉽게 익힐 수 있어요.
사자성어에 포함된 한자와 한글을 따라 쓰기 때문에 사자성어나 한자의 의미를 익히는 것은 물론 한자와 한글의 글씨체도 바로 잡을 수 있어요.

❷ 어휘력을 높일 수 있어요.
사자성어를 많이 알면 어휘력이 높아져요. 내 생각을 말할 때 사자성어를 활용한다면 명료하면서도 간략하게 의견을 전달할 수 있어요.

❸ 한자를 바르게 익힐 수 있어요.
사자성어에 들어 있는 한자의 음과 뜻을 알고 획순과 획수에 맞게 한자를 쓰기 때문에 한자를 정확하고 바르게 익힐 수 있답니다. 또 각 한자에 표기된 급수는 한자능력검정시험을 준비하는 데 도움이 된답니다.

❹ 사자성어를 오래 기억할 수 있어요.
일상생활에서 많이 쓰고 있는 사자성어를 한글과 한자를 번갈아 따라 쓰기 때문에 눈으로 읽는 것보다 훨씬 오래 기억할 수 있답니다.

❺ 조상의 지혜와 교훈을 느낄 수 있어요.
사자성어 학습을 통해 그 안에 담긴 조상의 지혜와 교훈을 느낄 수 있어 좋은 책을 여러 권 읽은 것처럼 마음을 수양하는 데에도 도움이 된답니다.

❻ 수준별, 주제별로 사자성어를 익힐 수 있어요.
현직 초등학교 선생님이 한자를 접한 지 얼마 안 되는 어린이들을 위해 한자의 난이도와 사자성어의 활용도를 고려해 내용을 구성했어요.

❼ 사자성어를 활용한 놀이로, 사자성어를 재미있게 익힐 수 있어요.
각 장의 마지막에 나오는 가로세로 퀴즈, 그림 보고 사자성어 맞히기 등으로 앞에서 배운 사자성어를 쉽고 재미있게 복습할 수 있어요.

차례

1단계 三顧草廬(삼고초려)

1. 一片丹心(일편단심) ············ 10
2. 一石二鳥(일석이조) ············ 12
3. 三三五五(삼삼오오) ············ 14
4. 文房四友(문방사우) ············ 16
5. 五里霧中(오리무중) ············ 18
6. 三十六計(삼십육계) ············ 20
7. 七顚八起(칠전팔기) ············ 22
8. 八方美人(팔방미인) ············ 24
9. 九死一生(구사일생) ············ 26
10. 十中八九(십중팔구) ············ 28

2단계 改過遷善(개과천선)

1. 言中有骨(언중유골) ············ 36
2. 有口無言(유구무언) ············ 38
3. 東問西答(동문서답) ············ 40
4. 馬耳東風(마이동풍) ············ 42
5. 言行一致(언행일치) ············ 44
6. 牛耳讀經(우이독경) ············ 46
7. 甘言利說(감언이설) ············ 48
8. 靑山流水(청산유수) ············ 50
9. 我田引水(아전인수) ············ 52
10. 流言蜚語(유언비어) ············ 54

영차 영차

3단계 轉禍爲福(전화위복)

1. 作心三日(작심삼일) ………… 62
2. 唯一無二(유일무이) ………… 64
3. 莫上莫下(막상막하) ………… 66
4. 是是非非(시시비비) ………… 68
5. 無用之物(무용지물) ………… 70
6. 天高馬肥(천고마비) ………… 72
7. 漁父之利(어부지리) ………… 74
8. 天方地軸(천방지축) ………… 76
9. 非一非再(비일비재) ………… 78
10. 多多益善(다다익선) ………… 80

4단계 愚公移山(우공이산)

1. 易地思之(역지사지) ………… 88
2. 先見之明(선견지명) ………… 90
3. 他山之石(타산지석) ………… 92
4. 大器晩成(대기만성) ………… 94
5. 自給自足(자급자족) ………… 96
6. 見物生心(견물생심) ………… 98
7. 以心傳心(이심전심) ………… 100
8. 竹馬故友(죽마고우) ………… 102
9. 同苦同樂(동고동락) ………… 104
10. 苦盡甘來(고진감래) ………… 106

*삼고초려 : 초가집을 세 번 찾아간다는 뜻으로, 훌륭한 사람을 모시기 위하여 참을성 있게 노력한다는 말이에요.

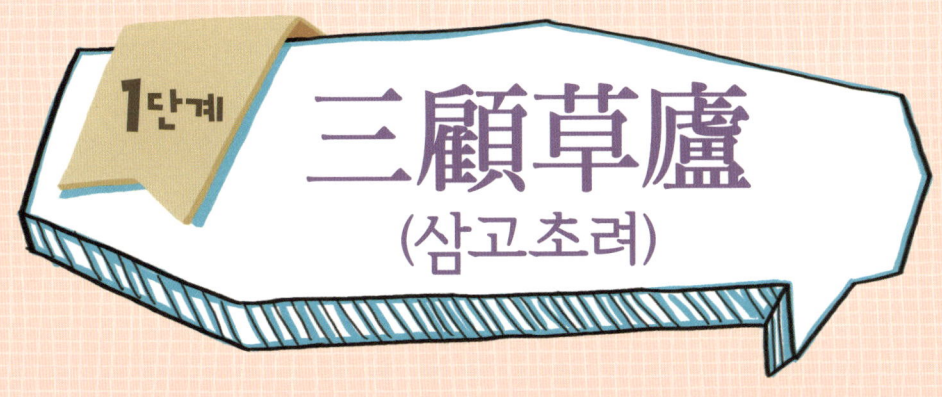

1단계 三顧草廬
(삼고초려)

모든 공부에는 참을성이 필요해요. 글씨 쓰기도 마찬가지예요.
참을성 있게 앉아서 열심히 따라 쓰다 보면 자신도 모르게
사자성어의 의미도 익히고, 한자도 예쁘게 쓸 수 있게 될 거예요.
이 책이 길잡이가 되어 여러분이 글씨를 바르게 쓸 수 있도록
도와줄 거예요. 자, 여러분 시작해 볼까요?

사자성어에 담긴 뜻을 알아보아요.

1. 一片丹心 (일편단심)

한 조각의 붉은 마음이라는 뜻으로, 진심에서 우러나오는 변하지 않는 마음을 이르는 말이에요.

一	片	丹	心
한 일	조각 편	붉을 단	마음 심
	절반 반	정성스러울 난(란)	
8급	준3급	준3급	7급

획순에 맞춰 한 글자씩 써 볼까요?

한 일 (1획)
一
一 一

조각 편, 절반 반 (4획)
丿 丿' 广 片
片 片

붉을 단, 정성스러울 난(란) (4획)
丿 丿] 月 丹
丹 丹

마음 심 (4획)
丶 心 心 心
心 心

사자성어를 예쁘게 따라 써 보세요.

一	片	丹	心	일	편	단	심
一	片	丹	心	일	편	단	심
一	片	丹	心	일	편	단	심
一	片	丹	心	일	편	단	심

사자성어에 담긴 뜻을 알아보아요.

2. 一石二鳥 (일석이조)

한 개의 돌을 던져 두 마리의 새를 맞추어 떨어뜨린다는 뜻으로, 한 가지 일을 해서 두 가지 이익을 얻는다는 말이에요.

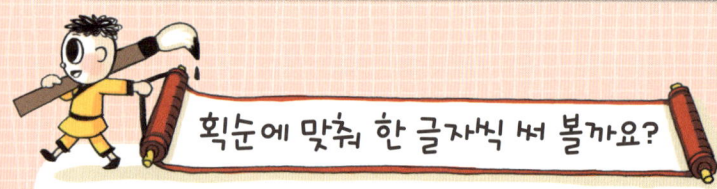

一	石	二	鳥
한 일	돌 석	두 이	새 조 땅 이름 작, 섬 도
8급	6급	8급	준4급

획순에 맞춰 한 글자씩 써 볼까요?

한 일 (1획)
一

돌 석 (5획)
一ナ丆石石
石

두 이 (2획)
一二
二

새 조, 땅 이름 작, 섬 도 (11획)
丿丨ㄅ冂冃自鳥鳥鳥鳥鳥
鳥

사자성어를 예쁘게 따라 써 보세요.

一石二鳥	일석이조
一石二鳥	일석이조
一石二鳥	일석이조
一石二鳥	일석이조

사자성어에 담긴 뜻을 알아보아요.

3. 三三五五 (삼삼오오)

서너 사람 또는 대여섯 사람이 떼를 지어 다니거나 몇 명씩 여기저기 흩어져 있는 모양을 말해요.

三	三	五	五
석 삼	석 삼	다섯 오	다섯 오
8급	8급	8급	8급

획순에 맞춰 한 글자씩 써 볼까요?

석 삼 (3획)
一 二 三

三 三 三

석 삼 (3획)
一 二 三

三 三 三

다섯 오 (4획)
一 丆 五 五

五 五 五

다섯 오 (4획)
一 丆 五 五

五 五 五

사자성어를 예쁘게 따라 써 보세요.

三	三	五	五	삼	삼	오	오
三	三	五	五	삼	삼	오	오
三	三	五	五	삼	삼	오	오
三	三	五	五	삼	삼	오	오

사자성어에 담긴 뜻을 알아보아요.

4. 文房四友(문방사우)

서재에 꼭 있어야 할 네 가지 벗이란 뜻으로, 옛날 선비들이 썼던 필기도구인 종이, 붓, 벼루, 먹을 말해요.

文	房	四	友
글월 문	방 방	넉 사	벗 우
7급	준4급	8급	5급

획순에 맞춰 한 글자씩 써 볼까요?

글월 문 (4획)
丶亠ナ文

文 文

방 방 (8획)
丶丶宀宀戶戶房房

房 房

넉 사 (5획)
丨冂冂四四

四 四

벗 우 (4획)
一ナ方友

友 友

사자성어를 예쁘게 따라 써 보세요.

文	房	四	友	문	방	사	우
文	房	四	友	문	방	사	우
文	房	四	友	문	방	사	우
文	房	四	友	문	방	사	우

사자성어에 담긴 뜻을 알아보아요.

5. 五里霧中(오리무중)

오 리나 되는 짙은 안개 속에 있다는 뜻으로, 무슨 일에 대하여 방향이나 갈피를 잡기 어렵다는 말이에요.

五	里	霧	中
다섯 오	마을 리(이) 속 리(이)	안개 무	가운데 중
8급	7급	3급	8급

획순에 맞춰 한 글자씩 써 볼까요?

다섯 오 (4획)
一 丁 五 五
五 五

마을 리(이), 속 리(이) (7획)
丨 口 日 日 旦 里 里
里 里

안개 무 (19획)
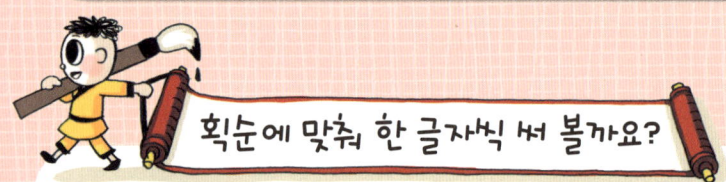
霧 霧

가운데 중 (4획)
丨 口 口 中
中 中

사자성어를 예쁘게 따라 써 보세요.

五	里	霧	中	오	리	무	중
五	里	霧	中	오	리	무	중
五	里	霧	中	오	리	무	중
五	里	霧	中	오	리	무	중

사자성어에 담긴 뜻을 알아보아요.

6. 三十六計 (삼십육계)

서른여섯 가지의 꾀라는 뜻으로, 형편이 불리할 때는 기회를 보고 도망을 쳐서 몸을 안전하게 하는 게 좋다는 말이에요. 주로 '삼십육계 줄행랑'이라는 말로 쓰여요.

三	十	六	計
석 삼	열 십	여섯 육(륙)	셀 계
8급	8급	8급	6급

획순에 맞춰 한 글자씩 써 볼까요?

석 삼 (3획)
一 二 三

三 三

열 십 (2획)
一 十

十 十

여섯 육(륙) (4획)
丶 亠 六 六

六 六

셀 계 (9획)
丶 亠 亍 言 言 言 言 計

計 計

사자성어를 예쁘게 따라 써 보세요.

三	十	六	計	삼	십	육	계
三	十	六	計	삼	십	육	계
三	十	六	計	삼	십	육	계
三	十	六	計	삼	십	육	계

사자성어에 담긴 뜻을 알아보아요.

7. 七顚八起 (칠전팔기)

일곱 번 넘어져도 여덟 번 일어난다는 뜻으로, 여러 번 실패해도 포기하지 않고 꾸준히 도전함을 일컫는 말이에요.

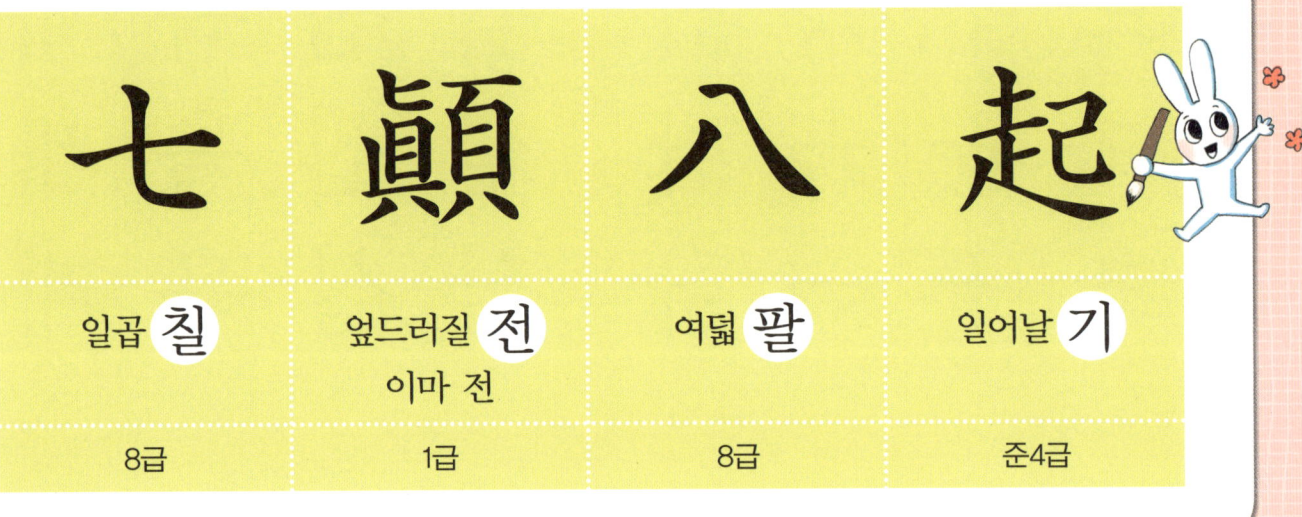

일곱 칠	엎드러질 전 / 이마 전	여덟 팔	일어날 기
8급	1급	8급	준4급

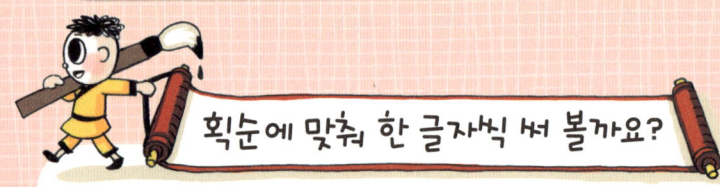

획순에 맞춰 한 글자씩 써 볼까요?

일곱 칠 (2획)
一 七

엎드러질 전, 이마 전 (19획)

여덟 팔 (2획)
ノ 八

일어날 기 (10획)
一 十 土 キ キ 走 走 起 起 起

사자성어를 예쁘게 따라 써 보세요.

七 顚 八 起	칠 전 팔 기
七 顚 八 起	칠 전 팔 기
七 顚 八 起	칠 전 팔 기
七 顚 八 起	칠 전 팔 기

사자성어에 담긴 뜻을 알아보아요.

8. 八方美人 (팔방미인)

아름다운 미인을 일컫는 말이에요. 때로는 여러 방면으로 일에 능통한 사람을 이르기도 해요.

八	方	美	人
여덟 팔	모 방 본뜰 방, 괴물 망	아름다울 미	사람 인
8급	7급	6급	8급

획순에 맞춰 한 글자씩 써 볼까요?

여덟 팔 (2획)
ノ 八

八 八

모 방, 본뜰 방, 괴물 망 (4획)
丶 亠 方 方

方 方

아름다울 미 (9획)
丶 丷 业 并 羊 美 美

美 美

사람 인 (2획)
ノ 人

人 人

사자성어를 예쁘게 따라 써 보세요.

八	方	美	人	팔	방	미	인
八	方	美	人	팔	방	미	인
八	方	美	人	팔	방	미	인
八	方	美	人	팔	방	미	인

사자성어에 담긴 뜻을 알아보아요.

9. 九死一生(구사일생)

아홉 번 죽을 뻔하다 한 번 살아난다는 뜻으로, 죽을 고비를 여러 차례 넘기고 겨우 살아남을 이르는 말이에요.

九	死	一	生
아홉 구 모을 규	죽을 사	한 일	날 생
8급	6급	8급	8급

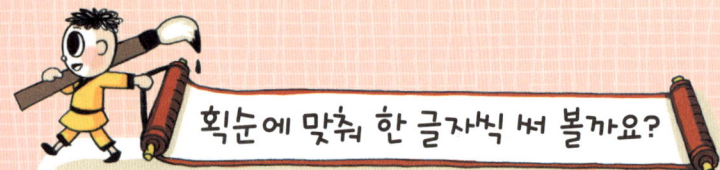
획순에 맞춰 한 글자씩 써 볼까요?

사자성어를 예쁘게 따라 써 보세요.

九	死	一	生	구	사	일	생
九	死	一	生	구	사	일	생
九	死	一	生	구	사	일	생
九	死	一	生	구	사	일	생

사자성어에 담긴 뜻을 알아보아요.

10. 十中八九 (십중팔구)

열 가운데 여덟이나 아홉 정도로 거의 대부분이거나 틀림없음을 나타내는 말이에요.

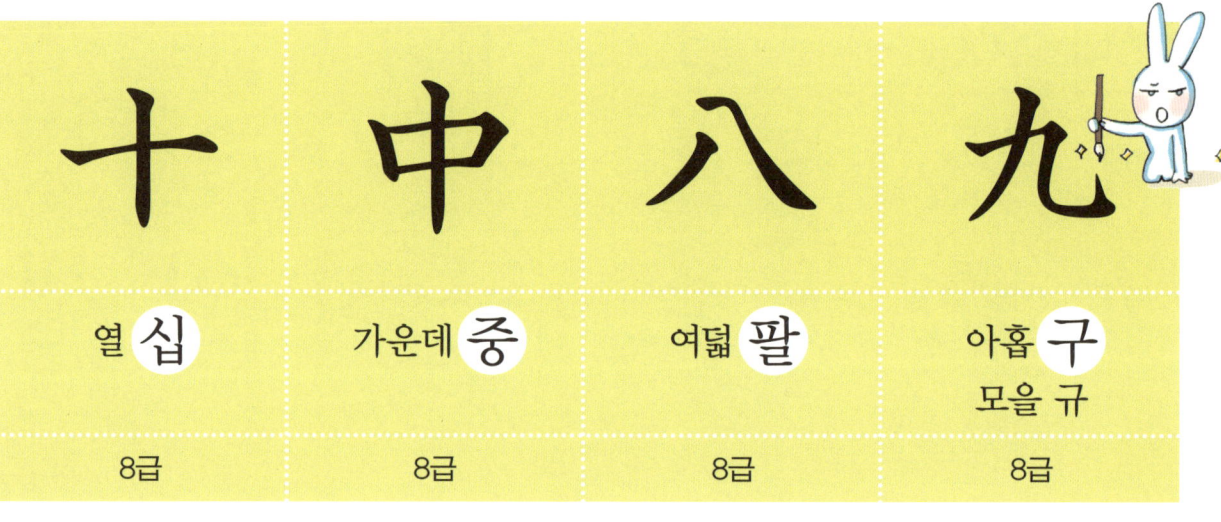

十	中	八	九
열 십	가운데 중	여덟 팔	아홉 구 / 모을 규
8급	8급	8급	8급

획순에 맞춰 한 글자씩 써 볼까요?

열 십 (2획)
一十
十 十

가운데 중 (4획)
丨 口 口 中
中 中

여덟 팔 (2획)
ノ 八
八 八

아홉 구, 모을 규 (2획)
ノ 九
九 九

사자성어를 예쁘게 따라 써 보세요.

十	中	八	九	십	중	팔	구
十	中	八	九	십	중	팔	구
十	中	八	九	십	중	팔	구
十	中	八	九	십	중	팔	구

확인 다음 뜻을 보고 사자성어를 완성해 보세요.

❶ 진심에서 우러나오는 변하지 않는 마음, 일편단심

❷ 한 가지 일을 해서 두 가지 이익을 얻음, 일석이조

❸ 서너 사람이 여기저기 흩어져 있는 모양, 삼삼오오

❹ 서재에 꼭 있어야 할 네 가지 벗이란 뜻으로, 종이, 붓, 벼루, 먹을 일컬음, 문방사우

❺ 무슨 일에 대하여 방향이나 갈피를 잡기 어려움, 오리무중

❻ 형편이 불리할 때는 기회를 보고 도망을 쳐서 몸을 안전하게 하는 게 좋다는 말, 삼십육계

❼ 여러 번 실패해도 포기하지 않고 꾸준히 도전함, 칠전팔기

❽ 아름다운 미인이나 여러 방면으로 일에 능통한 사람, 팔방미인

❾ 죽을 고비를 여러 차례 넘기고 겨우 살아남음, 구사일생

❿ 열 가운데 여덟이나 아홉 정도로 거의 대부분이거나 틀림없음, 십중팔구

퀴즈 아래의 뜻을 보고, 알맞은 사자성어를 한글로 써 보세요.

〈가로 사자성어〉
① 서너 사람이 여기저기 흩어져 있는 모양.
② 열 가운데 여덟이나 아홉 정도로 거의 대부분이거나 틀림없음.
③ 서재에 꼭 있어야 할 네 가지 벗이란 뜻으로, 종이, 붓, 벼루, 먹을 일컬음.
④ 진심에서 우러나오는 변하지 않는 마음.

〈세로 사자성어〉
❶ 무슨 일에 대하여 방향이나 갈피를 잡기 어려움.
❷ 형편이 불리할 때는 기회를 보고 도망을 쳐서 몸을 안전하게 하는 게 좋다는 말.
❸ 여러 번 실패해도 포기하지 않고 꾸준히 도전함.
❹ 아름다운 미인이나 여러 방면으로 일에 능통한 사람.
❺ 죽을 고비를 여러 차례 넘기고 겨우 살아남음.
❻ 한 가지 일을 해서 두 가지 이익을 얻음.

정답

쉬어가기 다음 그림을 보고 떠오르는 사자성어를 한자와 한글로 써 보세요.

❶

답: ☐☐☐☐ ☐☐☐☐

❷

답: ☐☐☐☐ ☐☐☐☐

정답
❶ 一石二鳥 일석이조　❷ 五里霧中 오리무중

복습하기 다음 문장에 어울리는 사자성어를 한자로 써 보세요.

❶ 너를 향한 나의 마음은 ☐☐☐☐ 이야.

❷ 꿩 먹고 알까지 먹으니 ☐☐☐☐ 네!

❸ 아이들이 ☐☐☐☐ 모여 정답게 이야기를 나누고 있다.

❹ 미술 선생님이 서예를 하기 위해 ☐☐☐☐ 를 준비하라고 하셨다.

❺ 엄마의 심부름으로 가게에 간 서현이가 ☐☐☐☐ 이구나.

❻ 잘못이 그만 들통 나서 ☐☐☐☐ 줄행랑으로 도망쳤다.

❼ 할머니는 운전면허 시험에 여덟 번만에 합격해서 ☐☐☐☐ 의 정신을 보여 주셨다.

❽ 종현이는 운동도 잘하고 춤도 잘 추는 ☐☐☐☐ 이었다.

❾ 물에 빠진 민호는 ☐☐☐☐ 으로 살아났다.

정답
❶ 一片丹心 ❷ 一石二鳥 ❸ 三三五五 ❹ 文房四友 ❺ 好事多魔 ❻ 三十六計 ❼ 七顚八起 ❽ 八方美人 ❾ 九死一生

*개과천선 : 지난날의 잘못이나 허물을 고쳐 올바르고 착하게 된다는 뜻이에요.

2단계 改過遷善 (개과천선)

처음 글을 쓰기 시작했을 때 대충했던 기억이 있나요? 잘못된 습관을 고치고 바른 글씨체를 잡기 위해서는 반드시 노력이 필요해요. 이 책에 나오는 한자와 한글을 한 글자씩 따라 쓰다 보면 어느새 자신도 모르게 나아진 예쁜 글씨체를 볼 수 있을 거예요.

사자성어에 담긴 뜻을 알아보아요.

1. 言中有骨(언중유골)

🍀 말 속에 뼈가 있다는 뜻으로, 예사로운 표현 속에 단단한 속뜻이 들어 있음을 이르는 말이에요.

言	中	有	骨
말씀 언 화기애애할 은	가운데 중	있을 유	뼈 골
6급	8급	7급	4급

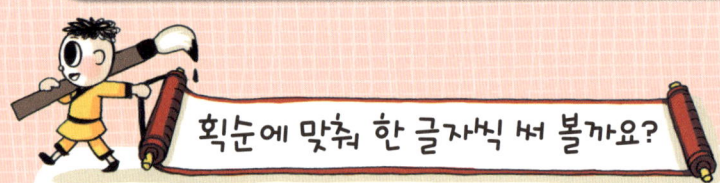
획순에 맞춰 한 글자씩 써 볼까요?

말씀 언, 화기애애할 은 (7획)
一 二 亠 亠 言 言 言
言 言

가운데 중 (4획)
丨 口 口 中
中 中

있을 유 (6획)
丿 ナ オ 有 有 有
有 有

뼈 골 (10획)
丨 口 曰 冎 冎 冎 骨 骨 骨 骨
骨 骨

사자성어를 예쁘게 따라 써 보세요.

言	中	有	骨	언	중	유	골
言	中	有	骨	언	중	유	골
言	中	有	骨	언	중	유	골
言	中	有	骨	언	중	유	골

사자성어에 담긴 뜻을 알아보아요.

2. 有口無言(유구무언)

🍀 입은 있어도 할 말은 없다는 뜻으로, 변명할 말이 없거나 변명을 하지 못하는 것을 이르는 말이에요.

有	口	無	言
있을 유	입 구	없을 무	말씀 언 화기애애할 은
7급	7급	5급	6급

획순에 맞춰 한 글자씩 써 볼까요?

있을 유 (6획)
ノ ナ ナ 冇 有 有

有 有

입 구 (3획)
丨 冂 口

口 口

없을 무 (12획)
ノ ㇷ 亠 仁 伝 缶 缶 鈩 無 無 無 無

無 無

말씀 언, 화기애애할 은 (7획)
丶 二 亠 듣 言 言 言

言 言

사자성어를 예쁘게 따라 써 보세요.

有	口	無	言	유	구	무	언
有	口	無	言	유	구	무	언
有	口	無	言	유	구	무	언
有	口	無	言	유	구	무	언

사자성어에 담긴 뜻을 알아보아요.

3. 東問西答(동문서답)

🍀 동쪽을 묻는데 서쪽을 대답한다는 뜻으로, 묻는 말과는 전혀 상관없는 엉뚱한 대답을 이르는 말이에요.

東	問	西	答
동녘 동	물을 문	서녘 서	대답 답
8급	7급	8급	7급

획순에 맞춰 한 글자씩 써 볼까요?

동녘 동 (8획)
一 ㄱ 冂 冃 目 車 東 東

東 東

물을 문 (11획)
丨 丨 丆 ㄫ 門 門 門 門 問 問

問 問

서녘 서 (6획)
一 丆 ㄅ 西 西 西

西 西

대답 답 (12획)
丿 ㅗ ㅗ 㐅 竺 竺 竻 笒 笒 答 答 答

答 答

사자성어를 예쁘게 따라 써 보세요.

東	問	西	答	동	문	서	답
東	問	西	答	동	문	서	답
東	問	西	答	동	문	서	답
東	問	西	答	동	문	서	답

사자성어에 담긴 뜻을 알아보아요.

4. 馬耳東風(마이동풍)

동쪽 바람이 말의 귀를 스쳐 간다는 뜻으로, 남의 말을 귀담아듣지 않고 지나쳐 흘려버리는 것을 이르는 말이에요.

馬	耳	東	風
말 마	귀 이	동녘 동	바람 풍
5급	5급	8급	6급

획순에 맞춰 한 글자씩 써 볼까요?

말 마 (10획)
丨 冂 冂 冃 闩 馬 馬 馬 馬 馬

馬 馬

귀 이 (6획)
一 ㄒ ㄈ ㄈ 耳 耳

耳 耳

동녘 동 (8획)
一 ㄈ 疒 甪 甫 申 束 東

東 東

바람 풍 (9획)
丿 几 凡 凡 冈 岡 風 風 風

風 風

사자성어를 예쁘게 따라 써 보세요.

馬	耳	東	風	마	이	동	풍
馬	耳	東	風	마	이	동	풍
馬	耳	東	風	마	이	동	풍
馬	耳	東	風	마	이	동	풍

사자성어에 담긴 뜻을 알아보아요.

5. 言行一致 (언행일치)

🍀 말과 행동이 들어맞거나 말한 대로 행동하는 것을 이르는 말이에요.

言	行	一	致
말씀 **언** 화기애애할 은	다닐 **행** 항렬 항	한 **일**	이를 **치** 빽빽할 치
6급	6급	8급	5급

획순에 맞춰 한 글자씩 써 볼까요?

말씀 언, 화기애애할 은 (7획)
一 二 子 言 言 言 言
言 言

다닐 행, 항렬 항 (6획)
丿 彳 彳 行 行 行
行 行

한 일 (1획)
一
一 一

이를 치, 빽빽할 치 (10획)
一 厂 厂 匚 至 至 至 致 致
致 致

사자성어를 예쁘게 따라 써 보세요.

言	行	一	致	언	행	일	치
言	行	一	致	언	행	일	치
言	行	一	致	언	행	일	치
言	行	一	致	언	행	일	치

사자성어에 담긴 뜻을 알아보아요.

6. 牛耳讀經(우이독경)

🍀 쇠귀에 경 읽기라는 뜻으로, 아무리 가르치고 일러 주어도 알아듣지 못함을 이르는 말이에요.

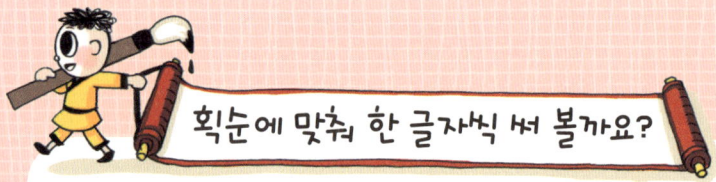

牛	耳	讀	經
소 우	귀 이	읽을 독 구절 두	지날 경 글 경
5급	5급	6급	준4급

획순에 맞춰 한 글자씩 써 볼까요?

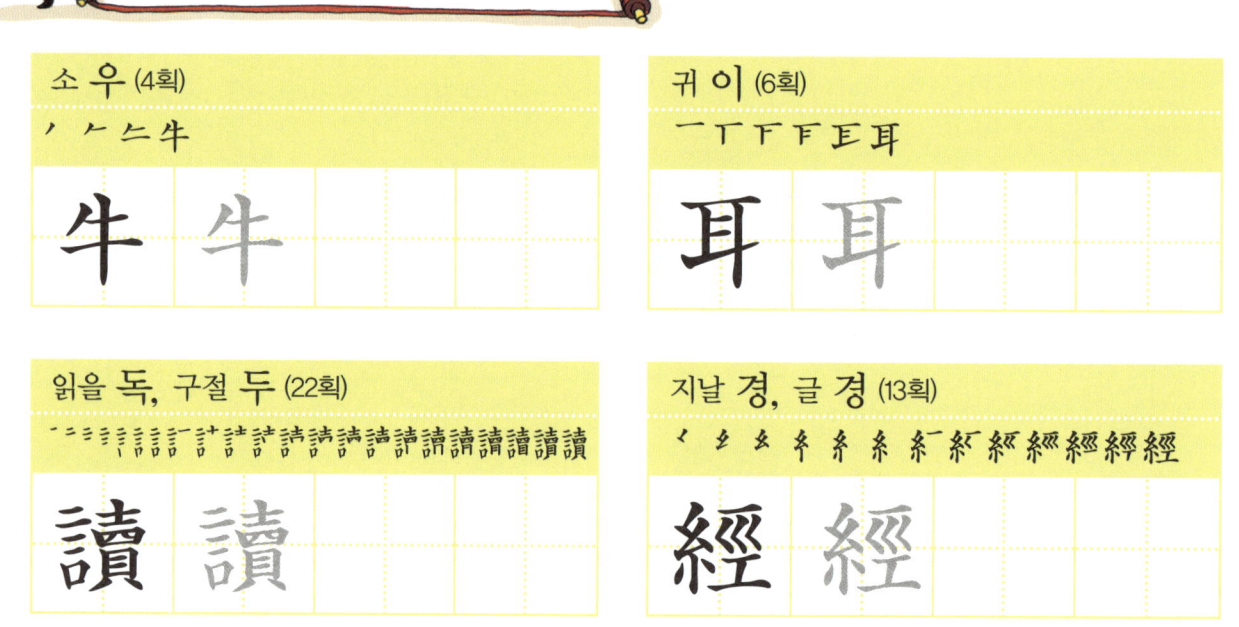

소 우 (4획)

귀 이 (6획)

읽을 독, 구절 두 (22획)

지날 경, 글 경 (13획)

사자성어를 예쁘게 따라 써 보세요.

牛	耳	讀	經	우	이	독	경
牛	耳	讀	經	우	이	독	경
牛	耳	讀	經	우	이	독	경
牛	耳	讀	經	우	이	독	경

사자성어에 담긴 뜻을 알아보아요.

7. 甘言利說 (감언이설)

🍀 달콤한 말과 이로운 이야기라는 뜻으로, 귀가 솔깃하도록 남의 비위에 맞추거나 이로운 조건을 내세워 남을 꾀는 말을 의미해요.

甘	言	利	說 
달 감	말씀 언 화기애애할 은	이로울 이 (리)	말씀 설, 달랠 세, 기뻐할 열, 벗을 탈
4급	6급	6급	5급

달 감 (5획)
一 十 卄 甘 甘
甘 甘

말씀 언, 화기애애할 은 (7획)
丶 二 言 言 言 言 言
言 言

이로울 이(리) (7획)
丿 二 千 千 禾 利 利
利 利

말씀 설, 달랠 세, 기뻐할 열 (14획)
丶 二 亍 亍 言 言 言 訁 訸 說 說 說 說 說
說 說

사자성어를 예쁘게 따라 써 보세요.

甘	言	利	說	감	언	이	설
甘	言	利	說	감	언	이	설
甘	言	利	說	감	언	이	설
甘	言	利	說	감	언	이	설

사자성어에 담긴 뜻을 알아보아요.

8. 靑山流水 (청산유수)

🍀 푸른 산에 흐르는 맑은 물이라는 뜻으로, 막힘없이 말을 잘하는 것을 비유한 말이에요.

靑	山	流	水
푸를 청	뫼 산	흐를 유(류)	물 수
8급	8급	5급	8급

획순에 맞춰 한 글자씩 써 볼까요?

푸를 청 (8획)
一 二 キ 主 丰 青 青 青

靑 靑

뫼 산 (3획)
丨 山 山

山 山

흐를 유(류) (10획)
丶 丶 氵 氵 氵 浐 浐 浐 流 流

流 流

물 수 (4획)
亅 刁 才 水

水 水

사자성어를 예쁘게 따라 써 보세요.

青	山	流	水	청	산	유	수
青	山	流	水	청	산	유	수
青	山	流	水	청	산	유	수
青	山	流	水	청	산	유	수

사자성어에 담긴 뜻을 알아보아요.

9. 我田引水 (아전인수)

🍀 자기 논에 물을 댄다라는 뜻으로, 자기에게만 이롭게 되도록 생각하거나 행동함을 이르는 말이에요.

我	田	引	水
나 아	밭 전	끌 인	물 수
준3급	준4급	준4급	8급

획순에 맞춰 한 글자씩 써 볼까요?

나 아 (7획)
´ 二 千 千 我 我 我

我 我

밭 전 (5획)
丨 冂 日 用 田

田 田

끌 인 (4획)
´ ㄱ 弓 引

引 引

물 수 (4획)
丨 刁 水 水

水 水

사자성어를 예쁘게 따라 써 보세요.

我	田	引	水	아	전	인	수
我	田	引	水	아	전	인	수
我	田	引	水	아	전	인	수
我	田	引	水	아	전	인	수

사자성어에 담긴 뜻을 알아보아요.

10. 流言蜚語(유언비어)

🍀 아무 근거 없이 널리 퍼진 소문을 뜻하는 말로, 터무니없이 떠도는 말이나 뜬소문을 일컫는 말이에요.

流	言	蜚	語
흐를 유(류)	말씀 언 화기애애할 은	날 비 바퀴벌레 비	말씀 어
5급	6급	1급	7급

획순에 맞춰 한 글자씩 써 볼까요?

흐를 유(류) (10획)
丶丶氵氵氵浐浐浐流流
流 流

말씀 언, 화기애애할 은 (7획)
一二亍亍言言言
言 言

날 비, 바퀴벌레 비 (14획)
１ｆｆ乍乍非非非昔昔昔蜚蜚
蜚 蜚

말씀 어 (14획)
一二亍亍言言言言訂語語語語
語 語

사자성어를 예쁘게 따라 써 보세요.

流	言	蜚	語	유	언	비	어
流	言	蜚	語	유	언	비	어
流	言	蜚	語	유	언	비	어
流	言	蜚	語	유	언	비	어

확인 다음 뜻을 보고 사자성어를 완성해 보세요.

① 예사로운 표현 속에 단단한 속뜻이 들어 있음, 언중유골

言中有骨

② 변명할 말이 없거나 변명을 하지 못하는 것을 이르는 말, 유구무언

有󠀠󠀠󠀠󠀠言

③ 묻는 말과는 전혀 상관없는 엉뚱한 대답, 동문서답

󠀠問󠀠答

④ 남의 말을 귀담아듣지 않고 지나쳐 흘려버리는 것, 마이동풍

󠀠耳東󠀠

⑤ 말과 행동이 들어맞거나 말한 대로 행동하는 것, 언행일치

言󠀠󠀠致

⑥ 아무리 가르치고 일러 주어도 알아듣지 못함, 우이독경

󠀠󠀠讀經

⑦ 귀가 솔깃하도록 남의 비위에 맞추거나 이로운 조건을 내세워 남을 꾀는 말, 감언이설

󠀠言󠀠說

⑧ 막힘없이 말을 잘하는 것을 비유한 말, 청산유수

靑󠀠流󠀠

⑨ 자기에게만 이롭게 되도록 생각하거나 행동함, 아전인수

我󠀠引󠀠

⑩ 터무니없이 떠도는 말이나 뜬소문, 유언비어

流󠀠蜚󠀠

퀴즈 아래의 뜻을 보고, 알맞은 사자성어를 한글로 써 보세요.

〈가로 사자성어〉

① 예사로운 표현 속에 단단한 속뜻이 들어 있음.
② 귀가 솔깃하도록 남의 비위에 맞추거나 이로운 조건을 내세워 남을 꾀는 말.
③ 묻는 말과는 전혀 상관없는 엉뚱한 대답.
④ 터무니없이 떠도는 말이나 뜬소문.
⑤ 자기에게만 이롭게 되도록 생각하거나 행동함.

〈세로 사자성어〉

❶ 말과 행동이 들어맞거나 말한 대로 행동하는 것.
❷ 변명할 말이 없거나 변명을 하지 못하는 것을 이르는 말.
❸ 아무리 가르치고 일러 주어도 알아듣지 못함.
❹ 남의 말을 귀담아듣지 않고 지나쳐 흘려버리는 것.
❺ 막힘없이 말을 잘하는 것을 비유한 말.

쉬어가기 다음 그림을 보고 떠오르는 사자성어를 한자와 한글로 써 보세요.

❶

하늘 천, 땅 지, 검을 현, 누를 황….

답: ☐☐☐☐ ☐☐☐☐

❷

우리 집 나무 그림자가 뻗어 있으니 여기까지 내 땅이야!

말도 안 돼!

답: ☐☐☐☐ ☐☐☐☐

정답
❶ 牛耳讀經 우이독경 ❷ 我田引水 아전인수

복습하기 다음 문장에 어울리는 사자성어를 한자로 써 보세요.

① 우스갯소리로 던진 말이었지만 ☐☐☐☐ 이었다.

② 엄마의 지적에 나는 ☐☐☐☐ 일 수밖에 없었어.

③ 성민이는 내 질문을 ☐☐☐☐ 하며 딴청을 피웠다.

④ 현아에게 나의 충고는 ☐☐☐☐ 일 뿐이야.

⑤ 누구든지 ☐☐☐☐ 를 하지 않으면 믿음이 가지 않는다.

⑥ 민지는 고집이 세서 내 말에도 ☐☐☐☐ 일 거야.

⑦ ☐☐☐☐ 로 어린이를 유괴하는 사람을 조심해야 해.

⑧ 규현이는 말을 ☐☐☐☐ 같이 잘해.

⑨ 밤 12시가 되면 학교에 귀신이 나온다는 ☐☐☐☐ 가 떠돌았다.

정답
① 言中有骨 ② 꿀먹은벙어리 ③ 東問西答 ④ 馬耳東風 ⑤ 言行一致 ⑥ 牛耳讀經 ⑦ 甘言利說 ⑧ 靑山流水 ⑨ 流言蜚語

***전화위복** : 재앙과 화가 바뀌어 오히려 복이 된다는 뜻이에요.

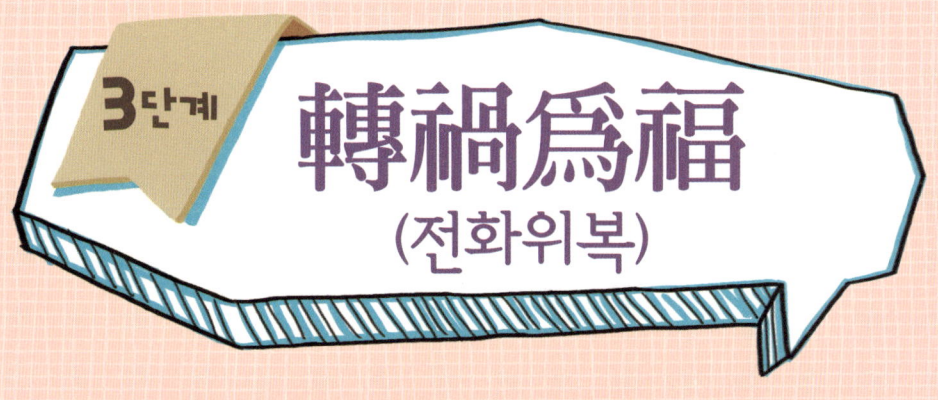

3단계 轉禍爲福 (전화위복)

처음에 이 책의 첫 장을 폈을 때 여러분의 마음이 어땠나요?
'어휴, 이 칸들을 언제 다 채우지?' 하는 생각에 걱정이 앞서는 친구가
많았을 거예요. 하지만 한 글자 한 글자 예쁘게 쓰려고 노력하다 보니
이제 한자 실력도 껑충 뛰었고 글씨 모양도 많이 다듬어져서
오히려 글씨 쓰기가 즐겁지 않나요?

사자성어에 담긴 뜻을 알아보아요.

1. 作心三日 (작심삼일)

단단히 결심한 마음이 삼일을 가지 못한다는 뜻으로, 결심이 굳지 못함을 이르는 말이에요.

作	心	三	日
지을 작 저주 저, 만들 주	마음 심	석 삼	날 일
6급	7급	8급	8급

획순에 맞춰 한 글자씩 써 볼까요?

지을 작, 저주 저, 만들 주 (7획)
丿 亻 𠂉 𠂉 竹 作 作

作 作

마음 심 (4획)
丶 心 心 心

心 心

석 삼 (3획)
一 二 三

三 三

날 일 (4획)
丨 冂 日 日

日 日

사자성어를 예쁘게 따라 써 보세요.

作	心	三	日	작	심	삼	일
作	心	三	日	작	심	삼	일
作	心	三	日	작	심	삼	일
作	心	三	日	작	심	삼	일

사자성어에 담긴 뜻을 알아보아요.

2. 唯一無二 (유일무이)

오직 하나뿐이고 둘도 없다는 뜻으로 오직 하나임을 강조해 이르는 말이에요.

唯	一	無	二
오직 유 누구 수	한 일	없을 무	두 이
3급	8급	5급	8급

획순에 맞춰 한 글자씩 써 볼까요?

오직 유, 누구 수 (11획)

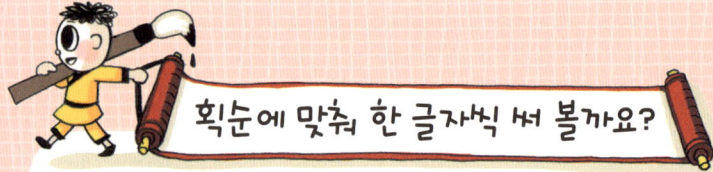

唯 唯

한 일 (1획)

一

一 一

없을 무 (12획)

無 無

두 이 (2획)

二

二 二

사자성어를 예쁘게 따라 써 보세요.

唯	一	無	二	유	일	무	이
唯	一	無	二	유	일	무	이
唯	一	無	二	유	일	무	이
唯	一	無	二	유	일	무	이

사자성어에 담긴 뜻을 알아보아요.

3. 莫上莫下 (막상막하)

어느 것이 위고 아래인지 구별할 수 없다는 뜻으로, 낫거나 모자람의 차이가 거의 없다는 의미예요.

莫	上	莫	下
없을 막 저물 모, 덮을 멱	윗 상	없을 막 저물 모, 덮을 멱	아래 하
준3급	7급	준3급	7급

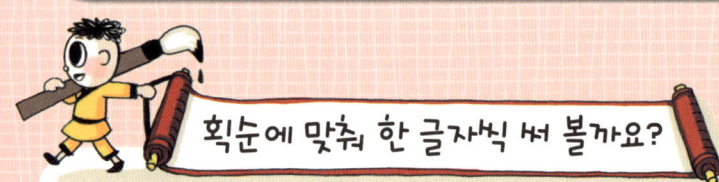

획순에 맞춰 한 글자씩 써 볼까요?

없을 막, 저물 모, 덮을 멱 (11획)
一 艹 艹 艹 苩 苩 莒 莫 莫

윗 상 (3획)
丨 卜 上

없을 막, 저물 모, 덮을 멱 (11획)
一 艹 艹 艹 苩 苩 莒 莫 莫

아래 하 (3획)
一 丁 下

사자성어를 예쁘게 따라 써 보세요.

莫	上	莫	下	막	상	막	하
莫	上	莫	下	막	상	막	하
莫	上	莫	下	막	상	막	하
莫	上	莫	下	막	상	막	하

사자성어에 담긴 뜻을 알아보아요.

4. 是是非非 (시시비비)

여러 가지 잘잘못이나 옳고 그름을 따지며 다툰다는 말이에요.

是	是	非	非
옳을 시 / 이 시	옳을 시 / 이 시	아닐 비 / 비방할 비	아닐 비 / 비방할 비
준4급	준4급	준4급	준4급

획순에 맞춰 한 글자씩 써 볼까요?

옳을 시, 이 시 (9획)
ㅣ ㄇ 日 日 旦 早 무 是 是

是 是 是

옳을 시, 이 시 (9획)
ㅣ ㄇ 日 日 旦 早 무 是 是

是 是 是

아닐 비, 비방할 비 (8획)
ㅣ ㅓ ㅕ ㅕ 킈 非 非 非

非 非 非

아닐 비, 비방할 비 (8획)
ㅣ ㅓ ㅕ ㅕ 킈 非 非 非

非 非 非

사자성어를 예쁘게 따라 써 보세요.

是	是	非	非	시	시	비	비
是	是	非	非	시	시	비	비
是	是	非	非	시	시	비	비
是	是	非	非	시	시	비	비

사자성어에 담긴 뜻을 알아보아요.

5. 無用之物(무용지물)

쓸모없는 물건이나 사람을 이르는 말이에요.

無	用	之	物
없을 무	쓸 용	갈 지	물건 물
5급	6급	준3급	7급

획순에 맞춰 한 글자씩 써 볼까요?

없을 무 (12획)
丿 ㅗ ㅗ 爫 爫 缶 缶 缶 無 無 無 無
無 無

쓸 용 (5획)
丿 冂 月 月 用
用 用

갈 지 (4획)
丶 ㅗ ㅗ 之
之 之

물건 물 (8획)
丿 ㅗ 牛 牛 牛 牝 物 物
物 物

사자성어를 예쁘게 따라 써 보세요.

無	用	之	物	무	용	지	물
無	用	之	物	무	용	지	물
無	用	之	物	무	용	지	물
無	用	之	物	무	용	지	물

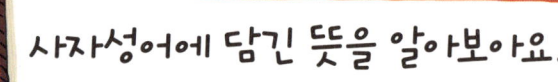
사자성어에 담긴 뜻을 알아보아요.

6. 天高馬肥 (천고마비)

하늘이 높고 말이 살찐다는 뜻으로, 하늘이 맑아 높푸르게 보이고 온갖 곡식이 익는 가을철을 이르는 말이에요.

天	高	馬	肥
하늘 천	높을 고	말 마	살찔 비
7급	6급	5급	준3급

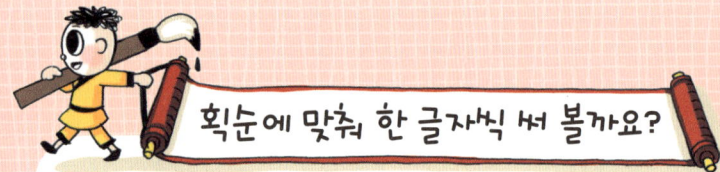
획순에 맞춰 한 글자씩 써 볼까요?

하늘 천 (4획)
一 二 テ 天
天 天

높을 고 (10획)
丶 亠 ㅗ 古 古 古 高 高 高 高
高 高

말 마 (10획)
丨 冂 ㄷ 斤 斤 馬 馬 馬 馬
馬 馬

살찔 비 (8획)
丿 刀 月 月 刖 刖 肥 肥
肥 肥

사자성어를 예쁘게 따라 써 보세요.

天 高 馬 肥	천 고 마 비
天 高 馬 肥	천 고 마 비
天 高 馬 肥	천 고 마 비
天 高 馬 肥	천 고 마 비

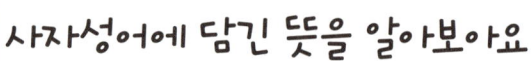
사자성어에 담긴 뜻을 알아보아요.

7. 漁父之利 (어부지리)

두 사람이 싸우는 사이에 엉뚱한 사람이 애쓰지 않고 가로챈 이익을 이르는 말이에요. 도요새가 조개의 속살을 먹으려고 부리를 조개 안에 넣는 순간, 조개가 껍데기를 꼭 다물고 부리를 안 놔주자, 그 틈에 어부가 둘 다 잡아 이익을 얻었다는 데서 유래하는 말이지요.

漁	父	之	利
고기 잡을 어	지아비 부	갈 지	이로울 리(이)
5급	7급	준3급	6급

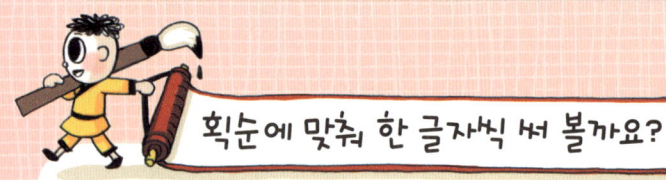
획순에 맞춰 한 글자씩 써 볼까요?

고기 잡을 어 (14획)
丶冫氵氵氵汽汽洧渔渔漁漁漁漁
漁 漁

지아비 부 (4획)
丶丶ケ父
父 父

갈 지 (4획)
丶一㇌之
之 之

이로울 리(이) (7획)
丿二千千禾利利
利 利

사자성어를 예쁘게 따라 써 보세요.

漁 父 之 利	어 부 지 리
漁 父 之 利	어 부 지 리
漁 父 之 利	어 부 지 리
漁 父 之 利	어 부 지 리

사자성어에 담긴 뜻을 알아보아요.

8. 天方地軸 (천방지축)

하늘과 땅을 구분하지 못한다는 뜻으로, 못난 사람이 종잡을 수 없이 덤벙이거나 너무 급하여 허둥지둥 날뛰는 모양을 이르는 말이에요.

天	方	地	軸
하늘 천	모 방 본뜰 방, 괴물 망	땅 지	굴대* 축
7급	7급	7급	2급

*굴대 : 한가운데에 뚫린 구멍에 끼우는 긴 나무 막대나 쇠 막대.

획순에 맞춰 한 글자씩 써 볼까요?

하늘 천 (4획)
一 二 千 天
天 天

모 방, 본뜰 방, 괴물 망 (4획)
丶 亠 亇 方
方 方

땅 지 (6획)
一 十 土 圠 圳 地
地 地

굴대 축 (12획)
一 冂 冂 冃 旨 車 車 軒 軏 軸 軸
軸 軸

사자성어를 예쁘게 따라 써 보세요.

天	方	地	軸	천	방	지	축
天	方	地	軸	천	방	지	축
天	方	地	軸	천	방	지	축
天	方	地	軸	천	방	지	축

사자성어에 담긴 뜻을 알아보아요.

9. 非一非再 (비일비재)

같은 현상이나 일이 한두 번이 아니라는 뜻으로, 한두 번이 아니고 잦다는 말이에요.

아닐 비 / 비방할 비	한 일	아닐 비 / 비방할 비	두 재
준4급	8급	준4급	5급

획순에 맞춰 한 글자씩 써 볼까요?

아닐 비, 비방할 비 (8획)
丿 亅 丬 寸 키 丬 非 非
非 非

한 일 (1획)
一
一 一

아닐 비, 비방할 비 (8획)
丿 亅 丬 寸 키 丬 非 非
非 非

두 재 (6획)
一 丆 丙 丙 再 再
再 再

사자성어를 예쁘게 따라 써 보세요.

非	一	非	再	비	일	비	재
非	一	非	再	비	일	비	재
非	一	非	再	비	일	비	재
非	一	非	再	비	일	비	재

사자성어에 담긴 뜻을 알아보아요.

10. 多多益善 (다다익선)

많으면 많을수록 더욱 좋다는 말이에요.

多	多	益	善
많을 다	많을 다	더할 익 넘칠 일	착할 선
6급	6급	준4급	5급

획순에 맞춰 한 글자씩 써 볼까요?

많을 다 (6획)

ノ ク タ タ 多 多

많을 다 (6획)

ノ ク タ タ 多 多

더할 익, 넘칠 일 (10획)

ノ ハ ハ 스 수 쏘 쏘 谷 슶 益

착할 선 (12획)

ヽ ソ ニ ヰ 푸 羊 羊 盖 姜 善 善

80

사자성어를 예쁘게 따라 써 보세요.

多	多	益	善	다	다	익	선
多	多	益	善	다	다	익	선
多	多	益	善	다	다	익	선
多	多	益	善	다	다	익	선

확인 다음 뜻을 보고 사자성어를 완성해 보세요.

① 결심이 굳지 못함, 작심삼일

作 心 三 日

② 오직 하나 뿐이고 둘도 없음, 유일무이

唯 ☐ ☐ 二

③ 낮거나 모자람의 차이가 거의 없음, 막상막하

莫 ☐ 莫 ☐

④ 여러 가지 잘잘못이나 옳고 그름을 따지며 다툼, 시시비비

☐ 是 ☐ 非

⑤ 쓸모없는 물건이나 사람, 무용지물

無 ☐ 之 ☐

⑥ 하늘이 맑아 높푸르게 보이고 온갖 곡식이 익는 가을철, 천고마비

☐ ☐ 馬 肥

⑦ 두 사람이 싸우는 사이에 엉뚱한 사람이 애쓰지 않고 가로챈 이익, 어부지리

☐ 父 之 ☐

⑧ 종잡을 수 없이 덤벙이거나 너무 급하여 허둥지둥 날뛰는 모양, 천방지축

☐ ☐ 地 軸

⑨ 같은 현상이나 일이 한두 번이 아니고 잦음, 비일비재

非 一 ☐ ☐

⑩ 많으면 많을수록 더욱 좋음, 다다익선

多 ☐ 益 ☐

퀴즈 아래의 뜻을 보고, 알맞은 사자성어를 한글로 써 보세요.

〈가로 사자성어〉

① 결심이 굳지 못함.
② 쓸모없는 물건이나 사람.
③ 하늘이 맑아 높푸르게 보이고 온갖 곡식이 익는 가을철.
④ 두 사람이 싸우는 사이에 엉뚱한 사람이 애쓰지 않고 가로챈 이익.
⑤ 같은 현상이나 일이 한두 번이 아니고 잦음.

〈세로 사자성어〉

❶ 낫거나 모자람의 차이가 거의 없음.
❷ 오직 하나 뿐이고 둘도 없음.
❸ 많으면 많을수록 더욱 좋음.
❹ 여러 가지 잘잘못이나 옳고 그름을 따지며 다툼.
❺ 종잡을 수 없이 덤벙이거나 너무 급하여 허둥지둥 날뛰는 모양.

쉬어가기 다음 그림을 보고 떠오르는 사자성어를 한자와 한글로 써 보세요.

①

답: ☐☐☐☐ ☐☐☐☐

②

답: ☐☐☐☐ ☐☐☐☐

정답
① 作心三日 작심삼일　② 一石二鳥 일석이조

복습하기 다음 문장에 어울리는 사자성어를 한자로 써 보세요.

❶ 새해마다 계획을 세우지만 늘 ☐☐☐☐ 일 뿐이다.

❷ 너는 이 세상에서 ☐☐☐☐ 한 존재야.

❸ 야구 경기에서 두 팀의 승부는 ☐☐☐☐ 였다.

❹ 누가 잘못했는지 ☐☐☐☐ 를 가려보자.

❺ 고장 난 컴퓨터는 ☐☐☐☐ 이다.

❻ ☐☐☐☐ 의 계절인 가을은 독서의 계절이기도 하다.

❼ 어릴 적에는 ☐☐☐☐ 이었지만, 지금은 의젓해졌다.

❽ 민호가 약속을 어기는 일은 ☐☐☐☐ 하다.

❾ 좋은 내용의 책은 ☐☐☐☐ 이다.

정답
❶ 作心三日 ❷ 唯一無二 ❸ 莫上莫下 ❹ 是是非非 ❺ 無用之物 ❻ 天高馬肥 ❼ 三旬九食 ❽ 非一非再 ❾ 多多益善

*우공이산 : 우공이 산을 옮긴다는 뜻으로, 어떤 일이든 끊임없이 노력하면 반드시 이루어진다는 말이에요.

4단계 愚公移山 (우공이산)

불가능해 보이는 어떤 일도 끊임없이 노력하면 반드시 이루어지지요?
글씨 쓰기도 마찬가지예요. 또박또박 힘주어 바르게 쓰려는 노력을
하다 보면 어느새 나도 모르게 예쁜 글씨체를 갖게 될 거예요.
그러니까 여러분도 산을 옮기겠다는 마음으로 끊임없이 노력해 봐요!

사자성어에 담긴 뜻을 알아보아요.

1. 易地思之(역지사지)

처지를 바꾸어서 생각해 보라는 말이에요.

易	地	思	之
바꿀 역 쉬울 이	땅 지	생각할 사	갈 지
4급	7급	5급	준3급

획순에 맞춰 한 글자씩 써 볼까요?

바꿀 역, 쉬울 이 (8획)
丨 冂 日 日 月 昜 易 易
易 易

땅 지 (6획)
一 十 土 圠 坩 地
地 地

생각할 사 (9획)
丨 冂 日 田 田 甲 思 思 思
思 思

갈 지 (4획)
丶 亠 冫 之
之 之

사자성어를 예쁘게 따라 써 보세요.

易	地	思	之	역	지	사	지
易	地	思	之	역	지	사	지
易	地	思	之	역	지	사	지
易	地	思	之	역	지	사	지

사자성어에 담긴 뜻을 알아보아요.

2. 先見之明(선견지명)

⭐ 어떤 일이 일어나기 전에 미리 앞을 내다보고 아는 지혜를 이르는 말이에요.

先	見	之	明
먼저 선	볼 견 뵈올 현	갈 지	밝을 명
8급	5급	준3급	6급

획순에 맞춰 한 글자씩 써 볼까요?

먼저 선 (6획)
丿 ⺊ 屮 生 牛 先

先 先

볼 견, 뵈올 현 (7획)
丨 冂 冂 阝 目 月 見

見 見

갈 지 (4획)
丶 亠 ㇏ 之

之 之

밝을 명 (8획)
丨 冂 冃 日 日 明 明 明

明 明

사자성어를 예쁘게 따라 써 보세요.

先	見	之	明	선	견	지	명
先	見	之	明	선	견	지	명
先	見	之	明	선	견	지	명
先	見	之	明	선	견	지	명

사자성어에 담긴 뜻을 알아보아요.

3. 他山之石 (타산지석)

⭐ 다른 산의 나쁜 돌이라도 자기 산의 옥돌을 가는 데 쓸 수 있다는 뜻으로, 다른 사람의 하찮은 말이나 행동도 자신의 인격 수양에 도움이 될 수 있음을 비유한 말이에요.

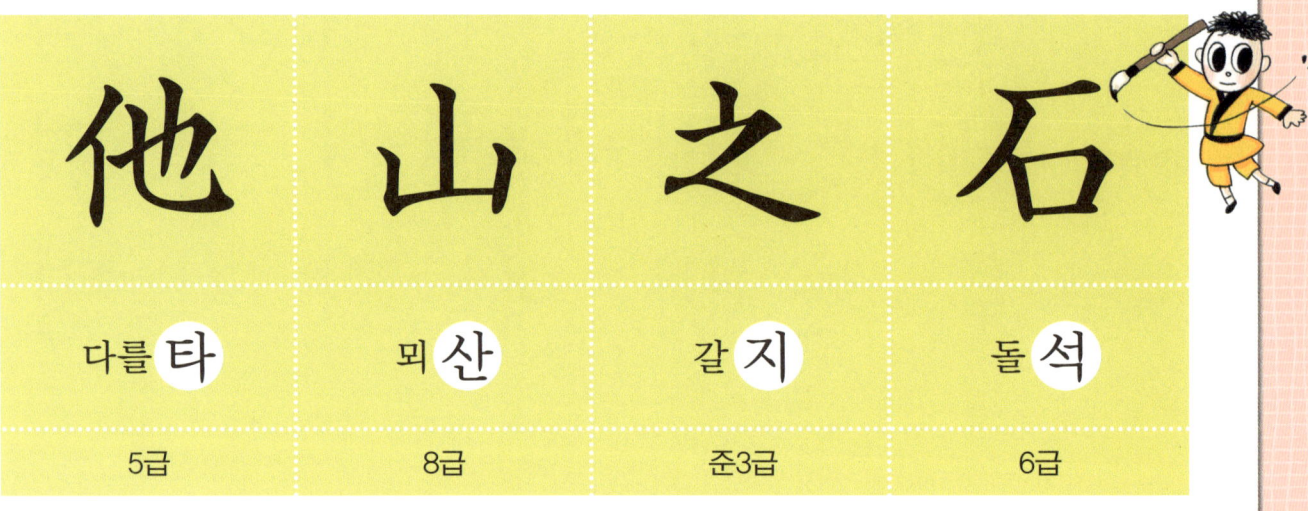

他	山	之	石
다를 타	뫼 산	갈 지	돌 석
5급	8급	준3급	6급

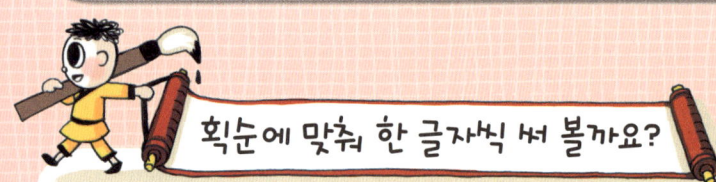

다를 타 (5획)
ノ 亻 亻 仲 他
他 他

뫼 산 (3획)
丨 山 山
山 山

갈 지 (4획)
丶 亠 ナ 之
之 之

돌 석 (5획)
一 ア 丆 石 石
石 石

사자성어를 예쁘게 따라 써 보세요.

他	山	之	石	타	산	지	석
他	山	之	石	타	산	지	석
他	山	之	石	타	산	지	석
他	山	之	石	타	산	지	석

사자성어에 담긴 뜻을 알아보아요.

4. 大器晚成 (대기만성)

큰 그릇을 만드는 데는 시간이 오래 걸린다는 뜻으로, 크게 될 사람은 늦게 이루어진다는 말이에요.

大	器	晚	成
큰 대	그릇 기	늦을 만	이룰 성
클 태, 클 다			
8급	준4급	준3급	6급

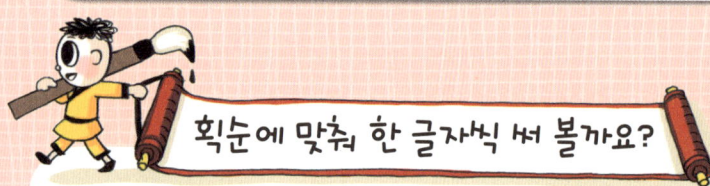

획순에 맞춰 한 글자씩 써 볼까요?

큰 대, 클 태, 클 다 (3획)
一 ナ 大

大 大

그릇 기 (16획)
丨 口 口 때 때 때 吅 哭 哭 哭 器 器 器 器

器 器

늦을 만 (12획)
丨 刀 日 日' 日免 日免 日免 日免 晚

晚 晚

이룰 성 (7획)
丿 厂 F 厅 成 成 成

成 成

94

사자성어를 예쁘게 따라 써 보세요.

大器晩成	대기만성
大器晩成	대기만성
大器晩成	대기만성
大器晩成	대기만성

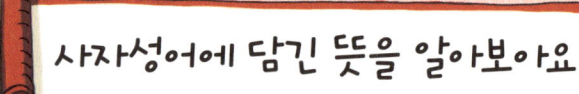

사자성어에 담긴 뜻을 알아보아요.

5. 自給自足 (자급자족)

자기가 필요한 것을 스스로 생산하여 충당하는 것을 이르는 말이에요.

自	給	自	足
스스로 자	줄 급	스스로 자	발 족 / 지나칠 주
7급	5급	7급	7급

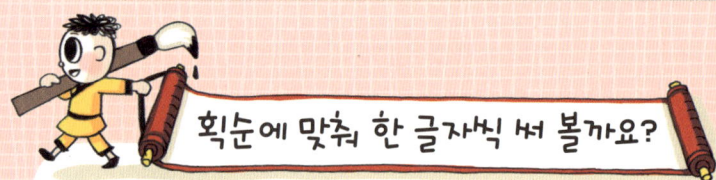

획순에 맞춰 한 글자씩 써 볼까요?

스스로 자 (6획)
丿 亻 亻 自 自 自
自 自

줄 급 (12획)
乀 乄 幺 幺 糸 糸 糹 紒 絤 給 給
給 給

스스로 자 (6획)
丿 亻 亻 自 自 自
自 自

발 족, 지나칠 주 (7획)
丨 冂 冂 甲 卫 足 足
足 足

사자성어를 예쁘게 따라 써 보세요.

自 給 自 足	자 급 자 족
自 給 自 足	자 급 자 족
自 給 自 足	자 급 자 족
自 給 自 足	자 급 자 족

사자성어에 담긴 뜻을 알아보아요.

6. 見物生心 (견물생심)

어떠한 물건을 보게 되면 그것을 가지고 싶은 욕심이 갑자기 생긴다는 뜻이에요.

見	物	生	心
볼 견 뵈올 현	물건 물	날 생	마음 심
5급	7급	8급	7급

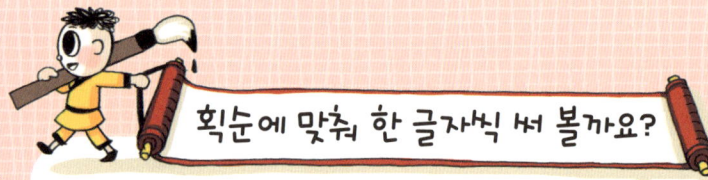
획순에 맞춰 한 글자씩 써 볼까요?

볼 견, 뵈올 현 (7획)
丨 冂 冂 月 目 貝 見
見 見

물건 물 (8획)
丿 亠 牛 牛 牜 物 物 物
物 物

날 생 (5획)
丿 亠 亠 牛 生
生 生

마음 심 (4획)
丿 心 心 心
心 心

사자성어를 예쁘게 따라 써 보세요.

見	物	生	心	견	물	생	심
見	物	生	心	견	물	생	심
見	物	生	心	견	물	생	심
見	物	生	心	견	물	생	심

사자성어에 담긴 뜻을 알아보아요.

7. 以心傳心 (이심전심)

마음과 마음이 서로 뜻이 통한다는 뜻으로, 말하지 않아도 상대방의 뜻이 전달됨을 이르는 말이에요.

以	心	傳	心
써 이	마음 심	전할 전	마음 심
5급	7급	5급	7급

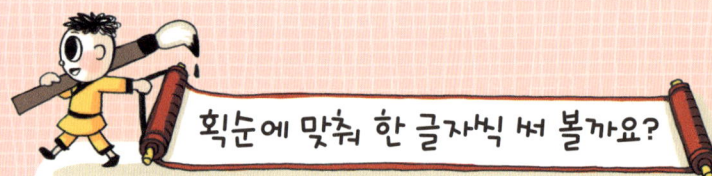

획순에 맞춰 한 글자씩 써 볼까요?

써 이 (5획)
丨 丶 丨 以 以

以 以

마음 심 (4획)
丶 心 心 心

心 心

전할 전 (13획)
丿 亻 亻 亻 亻 亻 伊 伊 伸 伸 伸 傳 傳

傳 傳

마음 심 (4획)
丶 心 心 心

心 心

사자성어를 예쁘게 따라 써 보세요.

以 心 傳 心	이 심 전 심
以 心 傳 心	이 심 전 심
以 心 傳 心	이 심 전 심
以 心 傳 心	이 심 전 심

사자성어에 담긴 뜻을 알아보아요.

8. 竹馬故友 (죽마고우)

⭐ 대나무로 만든 말을 타고 놀던 옛 친구라는 뜻으로, 어릴 때부터 가까이 지내며 같이 자란 친구를 이르는 말이에요.

竹	馬	故	友
대 죽	말 마	연고 고	벗 우
준4급	5급	준4급	5급

획순에 맞춰 한 글자씩 써 볼까요?

대 죽 (6획)
丿 丶 ㇏ 𠂉 竹 竹

竹 竹

말 마 (10획)
丨 厂 F F 馬 馬 馬 馬 馬 馬

馬 馬

연고 고 (9획)
一 十 十 古 古 古 古 故 故

故 故

벗 우 (4획)
一 ナ 方 友

友 友

사자성어를 예쁘게 따라 써 보세요.

竹	馬	故	友	죽	마	고	우
竹	馬	故	友	죽	마	고	우
竹	馬	故	友	죽	마	고	우
竹	馬	故	友	죽	마	고	우

사자성어에 담긴 뜻을 알아보아요.

9. 同苦同樂 (동고동락)

⭐ 괴로움과 즐거움이 함께한다는 뜻으로, 같이 고생하고 같이 즐김을 이르는 말이에요.

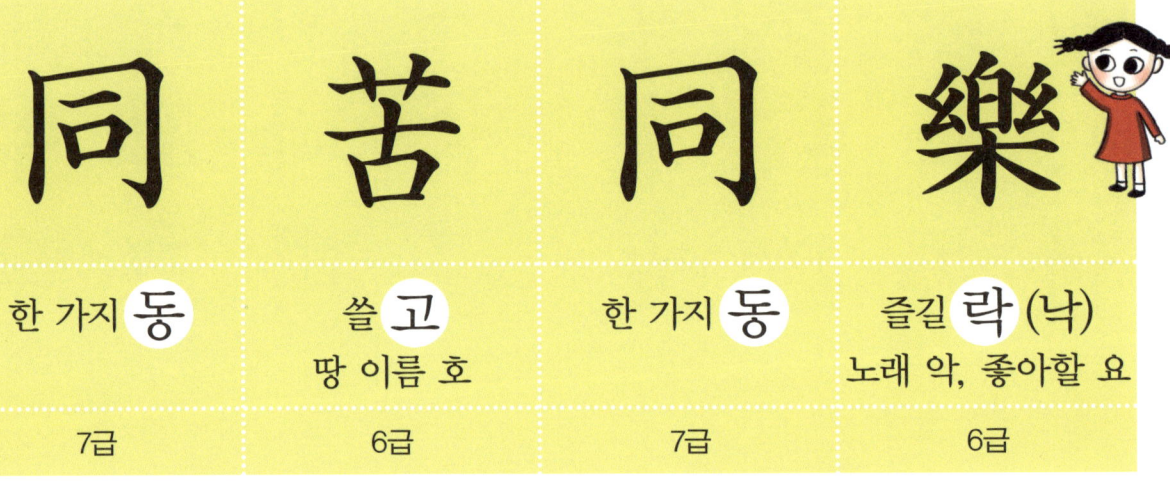

한 가지 **동**	쓸 **고** 땅 이름 호	한 가지 **동**	즐길 **락**(낙) 노래 악, 좋아할 요
7급	6급	7급	6급

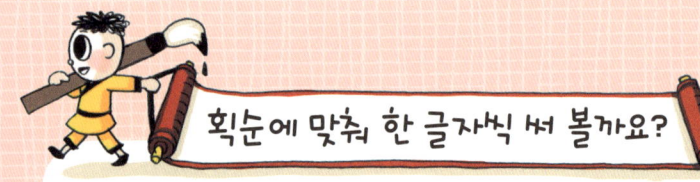

획순에 맞춰 한 글자씩 써 볼까요?

사자성어를 예쁘게 따라 써 보세요.

同	苦	同	樂	동	고	동	락
同	苦	同	樂	동	고	동	락
同	苦	同	樂	동	고	동	락
同	苦	同	樂	동	고	동	락

사자성어에 담긴 뜻을 알아보아요.

10. 苦盡甘來 (고진감래)

⭐ 쓴 것이 다하면 단 것이 온다라는 뜻으로, 고생 끝에 즐거움이 온다는 말이에요.

苦	盡	甘	來
쓸 고	다할 진	달 감	올 래
땅 이름 호			
6급	4급	4급	7급

획순에 맞춰 한 글자씩 써 볼까요?

쓸 고, 땅 이름 호 (9획)
一 十 十 卄 土 艹 艹 苦 苦
苦 苦

다할 진 (14획)
一 ⺊ ⺊ 扌 圭 圭 圭 肀 肀 聿 聿 聿 盡 盡
盡 盡

달 감 (5획)
一 十 卄 廿 甘
甘 甘

올 래 (8획)
一 厂 厂 巫 巫 巫 來 來
來 來

사자성어를 예쁘게 따라 써 보세요.

苦	盡	甘	來	고	진	감	래
苦	盡	甘	來	고	진	감	래
苦	盡	甘	來	고	진	감	래
苦	盡	甘	來	고	진	감	래

확인 다음 뜻을 보고 사자성어를 완성해 보세요.

❶ 처지를 바꾸어서 생각해 봄, 역지사지

易 地 思 之

❷ 어떤 일이 일어나기 전에 미리 앞을 내다보고 아는 지혜, 선견지명

☐ ☐ 之 明

❸ 다른 사람의 하찮은 말이나 행동도 나에게 도움이 될 수 있음, 타산지석

他 ☐ 之 ☐

❹ 크게 될 사람은 늦게 이루어짐, 대기만성

☐ 器 晚 ☐

❺ 자기가 필요한 것을 스스로 생산하여 충당하는 것, 자급자족

☐ 給 ☐ 足

❻ 어떠한 물건을 보게 되면 그것을 가지고 싶은 욕심이 갑자기 생김, 견물생심

☐ 物 ☐ 心

❼ 말하지 않아도 상대방의 뜻이 전달됨, 이심전심

以 ☐ ☐ 心

❽ 어릴 때부터 가까이 지내며 같이 자란 친구, 죽마고우

☐ ☐ 故 友

❾ 괴로움과 즐거움이 함께함, 동고동락

☐ 苦 同 ☐

❿ 고생 끝에 즐거움이 옴, 고진감래

☐ 盡 甘 ☐

퀴즈 아래의 뜻을 보고, 알맞은 사자성어를 한글로 써 보세요.

〈가로 사자성어〉

① 처지를 바꾸어서 생각해 봄.
② 괴로움과 즐거움이 함께함.
③ 어릴 때부터 가까이 지내며 같이 자란 친구.
④ 말하지 않아도 상대방의 뜻이 전달됨.
⑤ 크게 될 사람은 늦게 이루어짐.

〈세로 사자성어〉

❶ 어떤 일이 일어나기 전에 미리 앞을 내다보고 아는 지혜.
❷ 다른 사람의 하찮은 말이나 행동도 나에게 도움이 될 수 있음.
❸ 자기가 필요한 것을 스스로 생산하여 충당하는 것.
❹ 고생 끝에 즐거움이 옴.
❺ 어떠한 물건을 보게 되면 그것을 가지고 싶은 욕심이 갑자기 생김.

정답

쉬어가기 다음 그림을 보고 떠오르는 사자성어를 한자와 한글로 써 보세요.

❶

답: ☐☐☐☐ ☐☐☐☐

❷

답: ☐☐☐☐ ☐☐☐☐

정답

❶ 우공이산 愚公移山 ❷ 각골난망 刻骨難忘

복습하기 다음 문장에 어울리는 사자성어를 한자로 써 보세요.

❶ ☐☐☐☐ 의 마음을 갖고 있으면 다른 사람과 다툴 일이 없다.

❷ 책을 많이 읽으면 미래를 내다보는 ☐☐☐☐ 을 가질 수 있다.

❸ 지난 실수를 ☐☐☐☐ 으로 삼아 같은 실수를 반복하지 않겠다.

❹ 힘들지라도 열심히 공부한다면 반드시 ☐☐☐☐ 할 것이다.

❺ 우리 조상들은 직접 농사를 지어 밥을 먹고, 옷감도 직접 짜고, 집도 직접 지어서 모두 ☐☐☐☐ 하며 살아갔다.

❻ 백화점에서 구경만 하겠다던 엄마는 참지 못하고 ☐☐☐☐ 이 생겨 옷을 사셨다.

❼ 나와 단짝인 정희는 서로 말하지 않아도 ☐☐☐☐ 으로 마음이 잘 통한다.

❽ 태웅이와 나는 유치원 때부터 ☐☐☐☐ 이다.

❾ 우리 가족과 강아지 람보가 ☐☐☐☐ 한 지 4년이 되었다.

정답
❶ 易地思之 ❷ 先見之明 ❸ 他山之石 ❹ 大器晚成 ❺ 自給自足 ❻ 見物生心 ❼ 以心傳心 ❽ 竹馬故友 ❾ 同苦同樂

바른 글씨체를 잡아 주는 사자성어 따라 쓰기

1판 1쇄 발행 | 2013. 6. 25.
1판 9쇄 발행 | 2023. 3. 15.

고영종 글 | 소공 그림

발행처 김영사 | **발행인** 고세규
등록번호 제 406-2003-036호 | **등록일자** 1979. 5. 17.
주소 경기도 파주시 문발로 197(우10881)
전화 마케팅부 031-955-3100 | **편집부** 031-955-3113~20 | **팩스** 031-955-3111

값은 표지에 있습니다.
ISBN 978-89-349-6346-2 63700

좋은 독자가 좋은 책을 만듭니다. 김영사는 독자 여러분의 의견에 항상 귀 기울이고 있습니다.
전자우편 book@gimmyoung.com | 홈페이지 www.gimmyoungjr.com

어린이제품 안전특별법에 의한 표시사항

제품명 도서 제조년월일 2023년 3월 15일 제조사명 김영사 주소 10881 경기도 파주시 문발로 197
전화번호 031-955-3100 제조국명 대한민국 ⚠주의 책 모서리에 찍히거나 책장에 베이지 않게 조심하세요.